ZEBRA 1

Arbeitsheft
Lesen/Schreiben

Erarbeitet von
Stephanie Brettschneider,
Maria Feiten,
Bärbel Hilgenkamp,
Andreas Körnich,
Gabriele Reusche,
Gerlind Schwanitz,
Barbara Weingand und
Gabi Zimmermann

Wissenschaftliche Beratung
Prof. Dr. Cordula Löffler
Dr. Jens Bartnitzky

Ernst Klett Verlag
Stuttgart • Leipzig

Inhalt

schreiben
schwingen
anschauen
verbinden
einkreisen
sprechen
markieren, malen
ankreuzen
lesen
ins Lerntagebuch schreiben
ins Heft schreiben
die Aufgaben sind mir leicht / mittel / schwer gefallen
verschriften mit der Schreibtabelle

Name: ______________________ Datum: ____________

Das bin ich

1. Schreibe und male über dich!

Name: ______________________ Datum: ____________

Im Schulranzen

1. Male und schreibe!

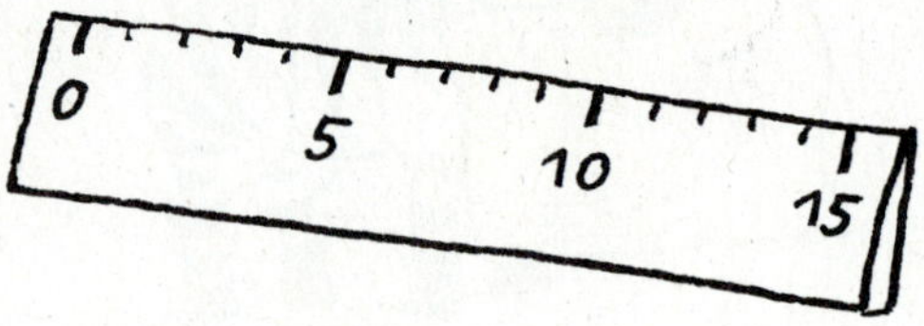

Lineal

Name: ______________________ Datum: __________

In der Schule

1. Verbinde und schreibe!

	Apfel		H h
 	______		T t
	______		A a
 	______		Sch sch
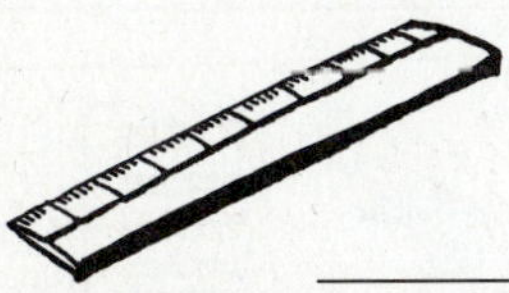	______		B b
	______		R r
	______	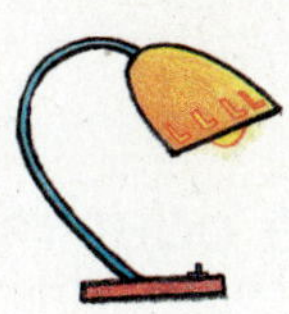	L l

Name: ______________________ Datum: ____________

In der Schule ist was los

1. Verbinde!

Schere

Pinsel

Stempel

Pausenbrot

Die Kinder lesen Geschichten.

Die Kinder turnen in der Halle.

Die Kinder sitzen im Kreis.

- Schreibe oder male in dein Lerntagebuch.

Name: ______________________ Datum: __________

Hausaufgaben

1. Verbinde und schreibe!

ma	den		malen
le	sen		
schnei	len		
schrei	ben		
stem	teln		
rech	nen		
bas	peln		

Name: ______________________ Datum: __________

In der Klasse

1. Schreibe auf, was die Kinder tun.

Name: ______________________ Datum: ____________

Mein Schulweg

1. Male und schreibe deinen Schulweg auf!

Name: ______________________ Datum: __________

Rechts oder links?

1. Lies und male die Kästchen an!

links: lila   rechts: rot

2. Lies und male!

Rechts neben Timo ist ein Baum.
Links neben Timo ist seine Mama.
Links neben Timos Mama ist ein Hund.

Name: ______________________ Datum: ____________

Auf der Straße

1. Schreibe!

____

____

____

____

____

____

- Schreibe oder male in dein Lerntagebuch.

Name: ______________________ Datum: __________

Auf dem Schulweg

1. Schwinge und schreibe!

Auto

Name: ______________________ Datum: __________

In der Pause

1. Lies, verbinde! Male und schreibe!

lila
Seil

braun

gelb

blau

grün

rot

2. Male neunmal PAUSE an!

P	A	U	S	E	Q	P	R	A	C	P	Z	P	A	U	S	E
A	R	P	A	U	S	E	X	I	P	A	U	S	E	P	O	R
Z	O	K	N	M	I	P	A	U	S	E	O	T	R	S	I	H
R	A	H	P	A	U	S	E	S	R	P	A	U	S	E	P	T
P	A	U	S	E	H	K	L	G	E	I	C	P	A	U	S	E

Name: ______________________ Datum: ____________

Auf dem Schulhof

1. Schreibe!

Name: ______________________ Datum: ______________

Geburtstag

1. Schwinge und schreibe!

Kinder

Name: ______________________ Datum: ______________

Wer schreibt wem?

1. Lies und schreibe!

Liebe Frau König,
du bist nett.
Deine Simone

Liebe Klara
Kommst du
heute zu mir?
Lars

- Schreibe oder male in dein Lerntagebuch.

Name: ______________________ Datum: ____________

Das essen wir gern!

1. Wer isst was?
Verfolge die Spuren! Schreibe!

Name: ______________________ Datum: __________

Bananenquark

1. Schreibe das Rezept auf!

Du brauchst:

Name: ______________________ Datum: ____________

Obst und Gemüse

1. Male alles Obst an!

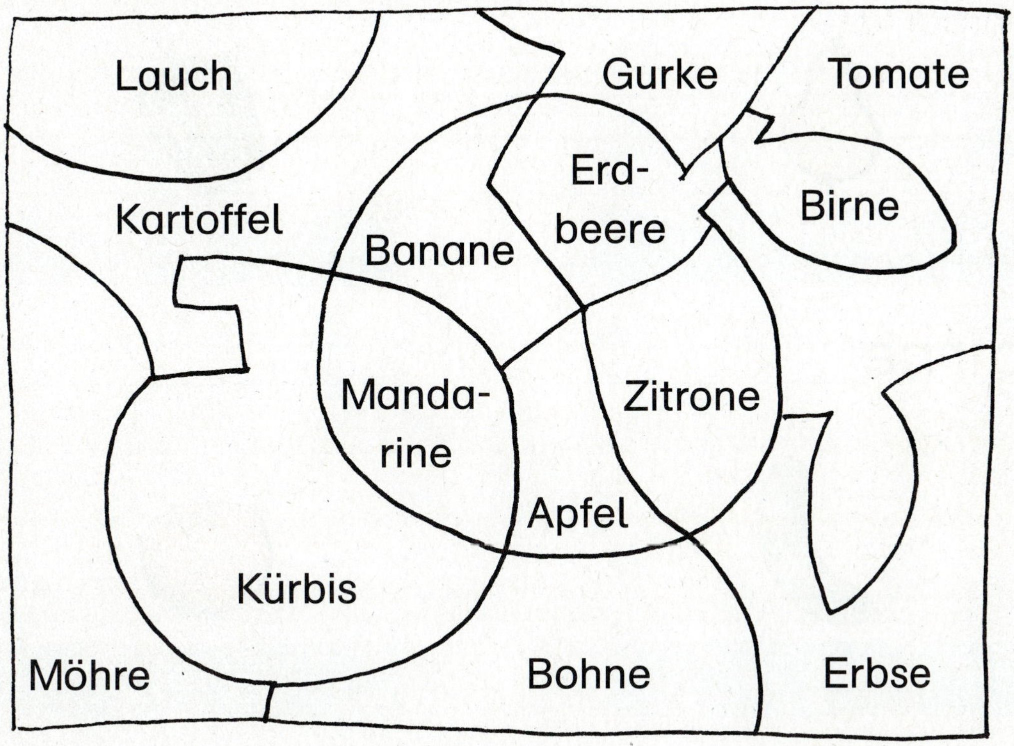

2. Was muss Niko einkaufen?
Lies den Einkaufszettel und male!

- Schreibe oder male in dein Lerntagebuch.

Name: ______________________ Datum: __________

Auf dem Markt

1. Schwinge und schreibe!

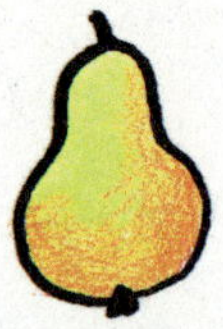

Birne

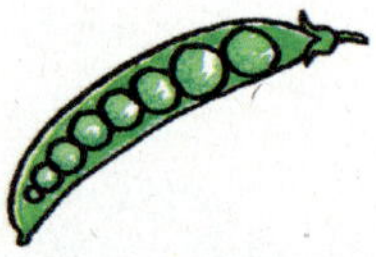

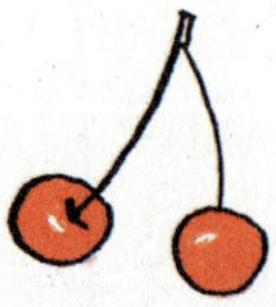

Name: ______________________ Datum: ____________

Meine Wackelzahngeschichte

1. Schreibe!

Name: ______________________ Datum: __________

Viele Zähne

1. Schau genau!
Wessen Zähne siehst du hier? Schreibe!

  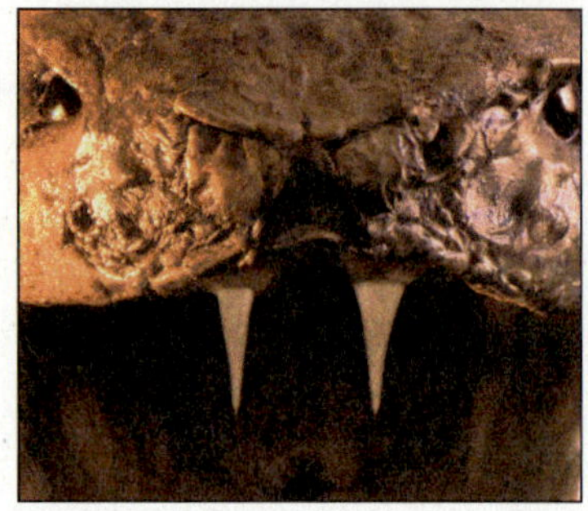

  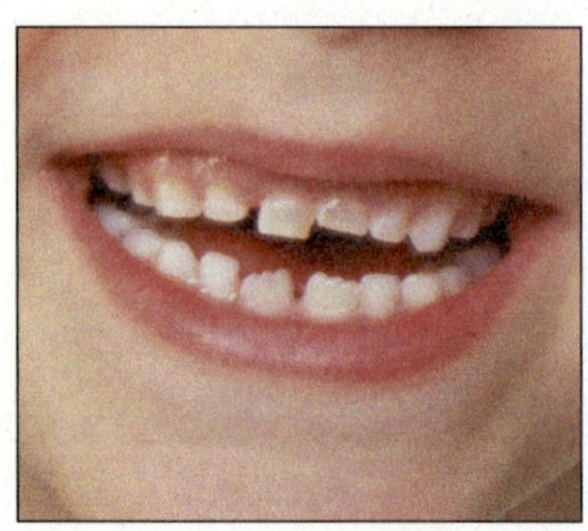

Name: ______________________ Datum: __________

Rund um Zähne

1. Lies und verbinde richtig!

1

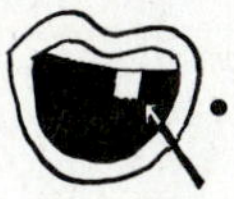

- Zahl V
- Zahn Z
- Zaun F

2

- Spiegel A
- Spinne O
- Spiel E

3

- Domino B
- Dorf L
- Dose H

4

- Berg H
- Becher N
- Bein R

Lösung: ☐☐☐☐

- Schreibe oder male in dein Lerntagebuch.

2. Lies! Kreuze an!

	ja	nein
Zucker ist gut für die Zähne.	M	E
Bei Zahnschmerzen hilft der Zahnarzt.	S	B
Wir putzen unsere Zähne mit Marmelade.	L	S
Milchzähne fallen aus.	E	M
Milchzähne sind aus Milch.	P	N

Lösung: ☐☐☐☐☐

Name: ______________________ Datum: __________

Im Bad

1. Sieben Dinge fehlen im 2. Bild. Welche?
Kreise ein und schreibe!

____

____

____

Name: ______________________ Datum: ______________

Bleib fit!

1. Was stimmt? Lies genau! Kreuze an!

	ja	nein
Fünf Kinder laufen über die Bänke.	M	T
Ein Junge schaukelt an den Ringen.	U	W
Die Lehrerin hat kurze, blonde Haare.	K	R
Zwei Mädchen springen Seil.	N	O
Ein Mädchen mit rotem T-Shirt rutscht.	E	F
Zwei Jungen sitzen auf der Bank.	M	N

Lösung: ☐☐☐☐☐☐

- Schreibe oder male in dein Lerntagebuch.

L

Name: ______________________ Datum: ____________

Mach mit!

1. Hole dir einen Würfel! Würfle einmal!
Lies den passenden Satz! Was musst du tun?

Hüpfe auf einem Bein um den Stuhl herum!

Schreibe deinen Namen an die Tafel!

Setze dich unter deinen Tisch!

Stehe auf einem Bein! Zähle!
Wie lange schaffst du es?

Springe so hoch du kannst!

Überlege dir eine eigene Aufgabe!

____

Name: ____________________ Datum: ____________

Das mag ich

1. Male an! Das mag ich: (grüne Ampel)
Das mag ich nicht: (rote Ampel) Verbinde!

Der Nachbar schimpft mit mir.

Oma umarmt mich.

Wir spielen Karten.

Lisa drängelt sich am Bus vor.

Papa liest mir ein Buch vor.

Kevin schubst mich.

Name: ________________________ Datum: ______________

Nein sagen

1. Schau dir die Bilder an!
Schreibe in die Sprechblasen!

● Schreibe oder male in dein Lerntagebuch.

Name: ____________________ Datum: __________

Ich mag ...

1. Schreibe auf, was du magst!

Ich ____________________

Ich ____________________

Ich ____________________

Ich ____________________

2. Schreibe auf, was du nicht magst!

Ich ____________________

Ich ____________________

Ich ____________________

Ich ____________________

Name: ______________________ Datum: __________

Im Spiegel

1. Lies und male!

Max schaut in den Spiegel.

Max lacht.

Max hat eine blaue Hose an.

Sein Pulli hat rote Streifen.

Max hat braune Haare.

In der einen Hand hält Max einen gelben Ball.

- Schreibe oder male in dein Lerntagebuch.

Name: ______________________ Datum: ____________

Vergessen

1. Was haben die Kinder vergessen?
Zähle und schreibe auf.

 III 3 Eimer

 ____ ____ ____________

 ____ ____ ____________

 ____ ____ ____________

 ____ ____ ____________

 ____ ____ ____________

 ____ ____ ____________

Name: ______________________ Datum: ____________

Spielsachen

1. Schwinge und schreibe!

Bausteine

Name: ______________________ Datum: ____________

Zusammen Fußball spielen

1. Ja oder nein? Kreuze an!

	ja	nein
Ein Kind hat eine Pfeife.	B	M
Ein Junge schießt auf das Tor.	E	A
Der Torwart hat den Ball.	G	L
Der Torwart springt hoch.	L	W

Lösung: | | | | |

- Schreibe oder male in dein Lerntagebuch.

Name: ______________________ Datum: __________

Zusammen backen

1. Was siehst du? Kreuze an!

Einen Elefanten	G	Ein B	B
Einen Eimer	K	Ein Auto	E
Einen Rollstuhl	A	Eine Lampe	S
Einen Hund	E	Ein Messer	L

Lösung: ☐☐☐☐☐

2. Was stimmt? Kreuze an!

In der Küche ist ein Hund.	A
Die Kinder sitzen am Tisch.	H
Ein Junge trinkt Milch.	F
Auf dem Tisch sind zwei Schüsseln.	E
Einige Buchstaben sind schon fertig.	R
Ein Mädchen sitzt im Rollstuhl.	M
Die Kinder backen Buchstaben.	D

Lösung: ☐☐☐☐

Name: ______________________ Datum: ____________

Streiten

1. Nummeriere und schreibe!

____

____

____

____

____

____

____

____

Name: ______________________ Datum: ____________

Freunde

1. Was kannst du mit einem Freund machen? Schreibe!

____

____

____

____

____

____

Name: ______________________ Datum: __________

Was ich kann

Ich kann einen Kopf-
stand machen.

1. Schreibe auf, was du alles kannst!

Ich kann Rad fahren.

Ich kann ______________________

____

____

____

Ich kann nicht ______________________

____

____

Name: ______________________ Datum: __________

Familie

1. Verbinde!

Oma wird 70 Jahre alt und alle singen ein Lied.

Alle Nachbarn im Haus feiern ein Fest im Hof.

Hassan feiert seinen Geburtstag auf der Wiese im Park.

2. Schreibe!

Name: ______________________ Datum: __________

Abends im Bett

1. Lies und male!

Das Bett ist braun.

Die Lampe ist an.

Der Teddy ist im Bett.

Auf dem Regal stehen drei Bücher.

Neben dem Bett schläft der Hund.

Am Himmel leuchten die Sterne und der Mond.

2. Schreibe eine Geschichte zum Bild.

Name: ______________________ Datum: ____________

In der Nacht

1. Schwinge und schreibe!

Eule

Name: ______________________ Datum: ____________

Reise zum Mond

1. Lies genau! Schreibe, was Peter sieht!

Peter hat sich eine Rakete gebaut.
Er macht sich auf die Reise und fliegt ins Weltall.
Nun schaut er nach unten.
Was sieht er?

____

____

____

____

- Schreibe oder male in dein Lerntagebuch.

Name: ______________________ Datum: ____________

Auf der Erde

1. Schwinge und schreibe!

Blume

Name: ______________________ Datum: __________

Die Welt ist voller Tiere

1. Ordne zu und schreibe!

Name: ______________________ Datum: __________

Was können Tiere?

1. Kreuze an!

	ja	nein
Tiere können lesen.	A	F
Fische tauchen unter Wasser.	R	D
Affen klettern auf Bäume.	EU	AU
Vögel fliegen zum Mond.	N	N
Hunde bellen.	D	W
Katzen spielen Flöte.	M	E

Lösung:

Tiere brauchen

2. Was können Tiere? Kreise ein!

springen schreiben schwimmen

rennen singen telefonieren

spielen lernen Seil hüpfen

streiten lachen

Name: ______________________ Datum: ______________

Wer bin ich?

1. Lies und verbinde mit dem richtigen Bild! Schreibe!

Maulwurf

Meine Augen funkeln in der Nacht.

Ich bin blind.

____

____

Mein Fell hat Streifen.

Ich kann in der Nacht sehen.

____

____

Mein Hals ist sehr lang.

Ich trage ein Haus auf dem Rücken.

____

- Schreibe oder male in dein Lerntagebuch.

Name: ______________________ Datum: ____________

Hunde

1. Schreibe!

2. Was passt? Kreuze an!

Ich habe Hunger.	A
Ich freue mich.	W
Ich habe Angst.	M

Ich bin ärgerlich.	O
Ich will Zähne putzen.	H
Ich suche einen Freund.	N

Ich bin traurig.	E
Ich will spielen.	L
Ich mache dich schmutzig.	I

Ich habe Katzen gern.	U
Die Katze mag mich.	B
Ich mag keine Katzen.	F

Lösung: Der ☐☐☐☐ ist ein wildes Tier.

Name: ______________________ Datum: __________

Ich schütze die Umwelt

1. Schreibe!

Name: ______________________ Datum: ____________

Das Picknick

1. Was können die Tiere machen?
Male und schreibe!

____

____

____

Name: ______________________ Datum: __________

Auf der Wiese

1. Kreuze an!

1 

B Wurm
G Wurst

2 

U Ameise
S Amerika

3 

N Maus
E Maul

4 

H Iglu
T Igel

Lösung: | | | | |

1 

B Hummel
F Hummer

2 

U Spitze
L Spinne

3 

H Löwenzahn
U Löwe

4 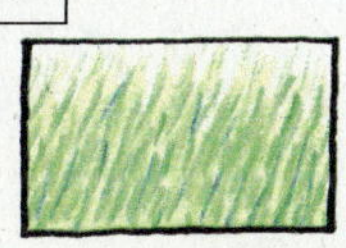

M Gras
T Gruß

5 

E Biene
N Bohne

6 

T Käfig
N Käfer

Lösung: | | | | | | |

- Schreibe oder male in dein Lerntagebuch.

Name: ______________________ Datum: __________

Eine bunte Wiese

1. Lies und male!

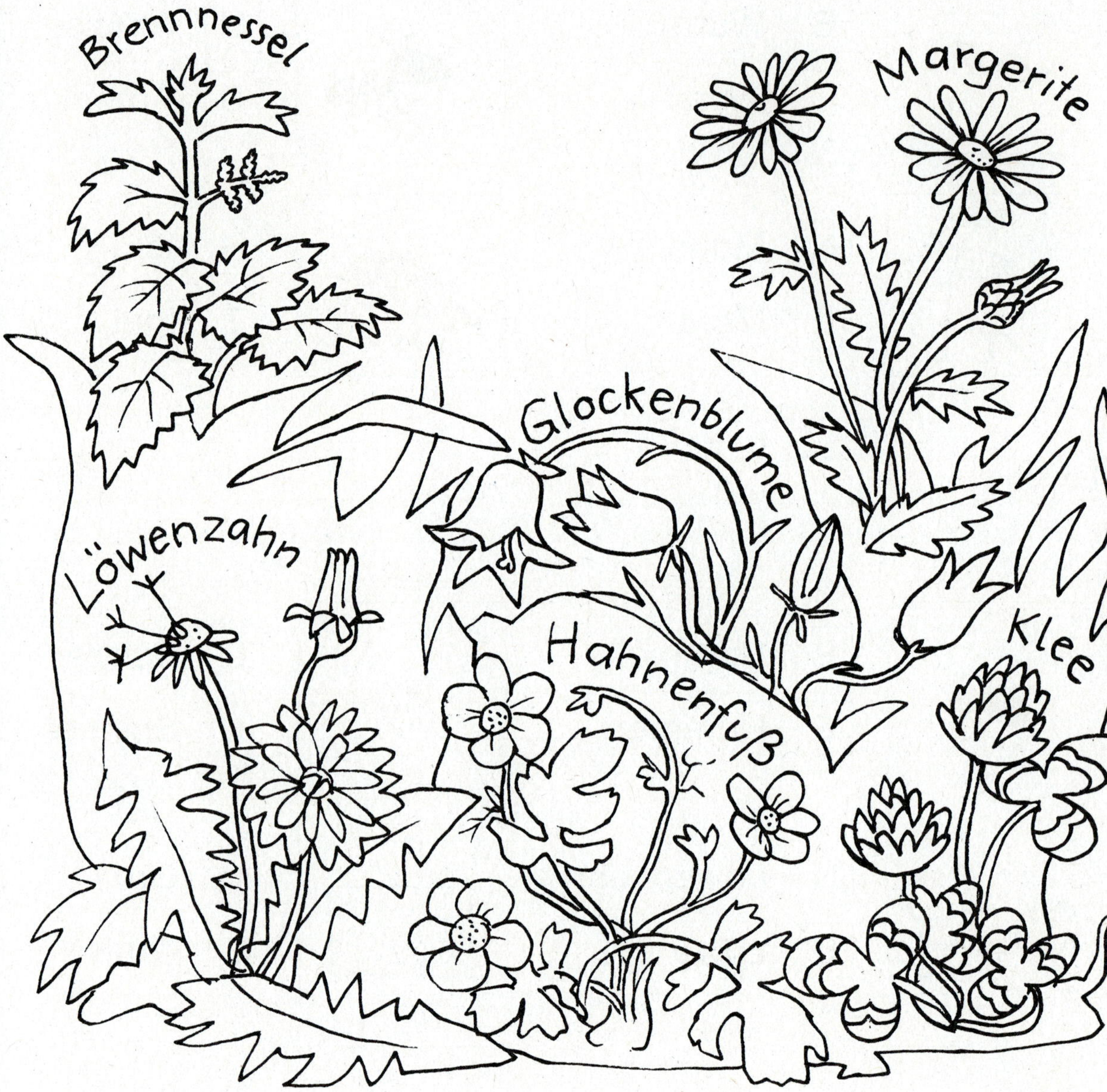

1. Der Klee ist rot.
2. Der Löwenzahn ist gelb.
3. Die Glockenblume ist lila.
4. Auf der Margerite sitzt eine dicke Biene.
5. Drei bunte Schmetterlinge fliegen über die Wiese.

Name: ______________________ Datum: ____________

Wo ist ...

1. Laufe drei Felder nach oben, zwei Felder nach rechts und zwei Felder nach unten!

Was hast du gefunden? ______________________

2. Spiele das Spiel mit deinem Partner!

Name: ____________________ Datum: __________

Schiff ahoi

1. Lies und verbinde!

Der Wind bewegt das Segelboot.		Segelboot
Das Ruderboot hat zwei Ruder.		Ruderboot
Mit Pedalen bewegt man das Tretboot.		Tretboot
Das Motorboot fährt mit einem Motor.		Motorboot
Das Schlauchboot wird aufgepumpt.		Schlauchboot

2. Wohin fährt dein Boot? Schreibe!

- Schreibe oder male in dein Lerntagebuch.

Name: ______________________ Datum: __________

Träume

1. Schau genau!
Schreibe!

2. Schreibe deinen Traum!

Name: ______________________ Datum: __________

Träumen

1. Lies! Mache hinter jedem Wort einen Strich!
Schreibe die Sätze richtig auf!

Ichkannfliegen.

____

____

IchwohneineinemSchloss.

____

____

MeinHundkannsprechen.

____

____

IchtaucheimtiefenMeer.

____

____

Ichbinganzstark.

____

____

Name: ______________________ Datum: ____________

Aus Geschichten und Märchen

1. Schwinge und schreibe!

Piratenschiff

Name: ______________________ Datum: __________

Im Märchenwald

1. Suche diese Märchenfiguren! Male sie an!

Hänsel und Gretel, Froschkönig, der gestiefelte Kater, Schneewittchen, Frau Holle, die Bremer Stadtmusikanten

2. Welche Märchenfiguren kennst du noch? Schreibe!

____

____

____

- Schreibe oder male in dein Lerntagebuch.

Name: ______________________ Datum: __________

Maler träumen

1. Was ist hier los?
Wie nennst du deine Geschichte?
Schreibe!

Marc Chagall, Das Kind und das Pferd

Name: ______________________ Datum: ____________

Fantasie

1. Schreibe weiter!

Jan langweilt sich.
Er nimmt sich ein Buch und liest.
Auf einmal steht er auf dem Deck
eines Piratenschiffs.
Er ist der Kapitän.

Jan ____________________

____

____

____

● Schreibe oder male in dein Lerntagebuch.

Name: ______________________ Datum: __________

Womit spielen Gespenster?

1. Schau genau und schreibe!

Das Burggespenst spielt mit Rüstung und Eule und Fledermaus.

Das Kellergespenst ______________________

____

Das Wassergespenst ______________________

____

Das Drachengespenst ______________________

____

Das ______________________

____

Name: ______________________ Datum: ____________

Geräusche-Spiel

1. Spiele mit deinem Nachbarn! Du zeigst mit dem Finger auf den Weg. Dein Nachbar macht die Geräusche. Wechselt die Rollen!

2. Schreibe!

Die Kinder lachen – ein Mann lacht.
Die Kinder zischen – eine Schlange zischt.

Name: ______________________ Datum: ____________

Geisterstunde

1. Würfel!

Uhren	⚀	knarren	⚀	im Turm.	⚀
Winde	⚁	pfeifen	⚁	im Bett.	⚁
Türen	⚂	schlagen	⚂	laut.	⚂
Kinder	⚃	liegen	⚃	um das Haus.	⚃
Geister	⚄	spuken	⚄	um Mitternacht.	⚄
Eulen	⚅	rufen	⚅	im Wald.	⚅

2. Trage ein und schreibe!

⚀ ⚃ ⚁ Uhren liegen im Bett.

☐ ☐ ☐ ______________________

☐ ☐ ☐ ______________________

☐ ☐ ☐ ______________________

☐ ☐ ☐ ______________________

☐ ☐ ☐ ______________________

☐ ☐ ☐ ______________________

3. Schreibe sinnvolle Sätze!

Name: ____________________ Datum: ____________

Wo verstecken sich die Gespenster?

1. Was brauchen Gespenster?
Male an und schreibe!

____

____

____

____

2. In jeder Reihe sehen nur zwei Gespenster ganz gleich aus. Findest du sie? Kreise sie ein!

Name: ______________________ Datum: __________

Nur Müll

1. Enes findet etwas.
Schreibe!

____

____

____

____

____

____

____

2. Was möchtest du aus den Dingen bauen?
Erfinde! Wie heißt deine Erfindung?

____

____

____

- Schreibe oder male in dein Lerntagebuch.

Name: ______________________ Datum: ____________

Wörter erfinden

1. Kannst du reimen? Schreibe!

Tanne

____

Puppe

____

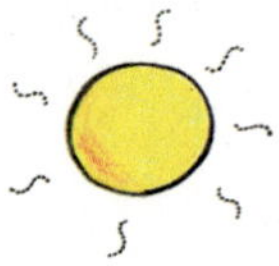

Tonne

____

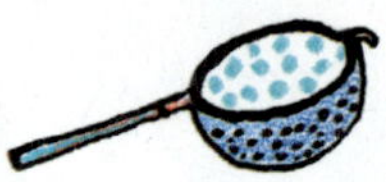

Dieb

____

Mund

____

Tuch

____

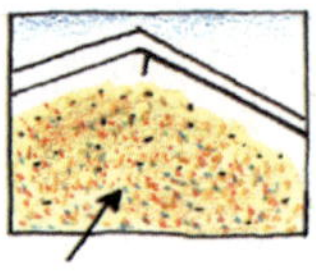

Wand

____

Bauer

____

Laus

____

Bett

____

2. Lies und verbinde!

Mit dem Fahrrad •	• zersäge ich einen Ast.
Mit der Glühbirne •	• kann ich fahren.
Mit der Säge •	• kann ich Licht machen.
Mit dem Telefon •	• fliegen wir in den Urlaub.
Mit dem Flugzeug •	• rufe ich meinen Freund an.

Name: ______________________ Datum: ____________

Welches Wort ist richtig?

1. Kreise ein!

	Spiel D	Spiegel F	Spargel S
	Wolf L	Wal B	Wald A
	Leiter N	Reiter R	Reise M
	Brett O	Brot P	Bett T
	Melodie U	Melone A	Mehl W
	Kind S	Rind K	Kinn L
	Seile B	Seite K	Seife I
	Schwanz T	Schwamm V	Schwan E

Lösung:

F							

Name: ______________________ Datum: ____________

Märchen erzählen

1. Male das Märchen weiter, schreibe und erzähle das Märchen!

Rotkäppchen Korb Wolf Wald

2. Erfinde ein eigenes Märchen! Male und schreibe es!

Name: ______________________ Datum: ______________

Lesen, schauen, hören, schreiben

1. Verbinde und male!

Name: ______________________ Datum: ____________

Rätsel

1. Finde sechs Wörter!

schmökern lesen Seite Bild Geschichte Buch

J	A	V	L	E	S	E	N	W	V
B	S	C	H	M	Ö	K	E	R	N
U	J	S	E	I	T	E	G	I	P
B	Z	L	U	G	I	K	Ö	E	C
X	K	P	L	B	I	L	D	B	K
G	M	Z	G	H	N	K	W	E	C
O	Ö	F	E	M	X	A	G	I	Z
G	E	S	C	H	I	C	H	T	E
C	K	L	P	B	U	C	H	L	J

- Schreibe oder male in dein Lerntagebuch.

2. Schreibe!

Ich bin kein Mensch.
Aber du kannst viel von mir lernen.
Ich kann mich nicht bewegen.
Meist stehe ich im Regal.
Ich habe zwei Deckel.
Zwischen den Deckeln sind
viele Seiten.
Was bin ich?

Ein ______________________

Name: ______________________ Datum: __________

Medien

1. Schwinge und schreibe!

Telefon

Name: ______________________ Datum: __________

Mein Lieblingsbuch

1. Male und schreibe!

Das Buch heißt:

____

Es wurde geschrieben von:

____

Ich lese es gerne, weil

____

- Schreibe oder male in dein Lerntagebuch.

Name: ______________________ Datum: __________

Ich lese gerne …

1. Schreibe!

Lukas liest gerne

Bücher über Autos.

Leonie

____

____

____

____

____

____

____

Name: ______________________ Datum: ______________

Was ich mag

1. Lies und schreibe!

Name: ______________________ Datum: __________

Das spannende Buch

1. Schreibe zu den Bildern!

Name: ______________________ Datum: __________

Fernsehen

1. Schreibe zu den Bildern! Finde eine Überschrift!

____

Name: ______________________ Datum: __________

In der Schule

1. Lies und male!

1. Das Radio im Regal ist rot.
2. Das Handy ist blau.
3. Auf dem Bildschirm ist ein Haus.
4. Der Briefumschlag ist grün.
5. Die Lehrerin hat schwarze Haare.

- Schreibe oder male in dein Lerntagebuch.

Name: ____________________ Datum: ____________

Was gehört zusammen?

1. Lies und verbinde!

Es waren einmal eine Königin
und ein König.
Sie hatten eine Tochter.
Die Tochter war sehr schön.

Guten Tag!
Hier spricht Lena.
Kann ich bitte mit Florian
sprechen?

Guten Tag. Es ist 12.00 Uhr.
Sie hören die Nachrichten.

Hallo zusammen im
Tigerenten Club.

Liebe Oma,
mir geht es gut.
Heute waren wir im Kino.
Wir haben „Der kleine Eisbär“
gesehen.

Name: ______________________ Datum: __________

Post für Tabea

1. Lies und verbinde!

E	Der Postbote kommt zu Besuch.
P	Der Postbote bringt einen Brief.
H	Der Postbote bringt Blumen.

B	Tabea ärgert sich.
O	Tabea freut sich.
T	Tabea weint.

P	Der Brief ist von Mama.
M	Der Brief ist von Paul.
S	Der Brief ist von Jan.

R	Tabea macht Hausaufgaben.
T	Tabea schreibt Jan einen Brief.
L	Tabea spielt.

Lösung: | | | | |

Name: ______________________ Datum: ____________

Der Brief

1. Lies genau und kreuze an!

Absender:
Tabea Lange
Auf der Wiese 3
53804 Schönhausen

Jan König
Meisenweg 7
78456 Abendrot

Lieber Jan,
vielen Dank für deinen Brief!
Gestern waren wir im Kino.
Der Film war so spannend.
Da ist mir das Popcorn umgefallen …!

Viele Grüße

Deine Tabea

	ja	nein
Tabea schreibt ihrer Oma einen Brief.	A	K
Tabea war im Kino.	I	P
Der Film war langweilig.	E	N
Mama hat Tabea ein Buch geschenkt.	C	O

Lösung: | | | | |

Name: ______________________ Datum: ____________

Im Nebel

1. Was siehst du? Schreibe zu den Bildern!

Name: ____________________ Datum: __________

Herbst

1. Was passt zum Herbst? Kreise ein!

Pilz

Laterne

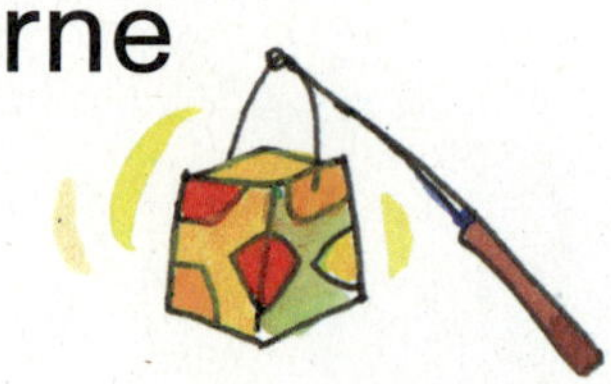

Igel

Nebel

Badehose

Freibad

Kürbis

Schneemann

Ei

Laub

2. Was passt zum Herbst? Kreuze an!

	ja	nein
Wir basteln eine Laterne.	B	M
Wir suchen Ostereier.	E	I
Die Blätter werden bunt.	R	T
Die Vögel bauen Nester.	P	N
Wir sammeln Kastanien.	E	O

Lösung: | | | | | |

Name: ______________________ Datum: ____________

Laterne, Laterne

1. Beschrifte!

2. Was passt? Kreuze an!

	ja	nein
Die Laterne ist blau.	A	H
Die Laterne ist rund.	E	P
Die Laterne ist ein Kürbis.	R	S

	ja	nein
Die Laterne ist eine Birne.	B	E
Die Laterne hat ein Blatt.	S	R
Die Laterne ist weiß.	U	T

Lösung:

3. Lies und male!

Die Laterne ist ein Mond.
Der Mond ist gelb.
Der Mond hat Augen und
eine rote Nase.

Name: ______________________ Datum: ____________

Nikolaus

1. Lies und ordne zu!

Kim bekommt einen Nikolaus,
eine Mandarine und
zwei Nüsse.

Lisa bekommt Socken,
einen Apfel und
eine Schokolade.

Fabian bekommt ein Herz,
ein Buch und
Mandarinen.

Name: ______________________ Datum: ____________

Basteln zu Weihnachten

1. Ordne die Bilder in der richtigen Reihenfolge!

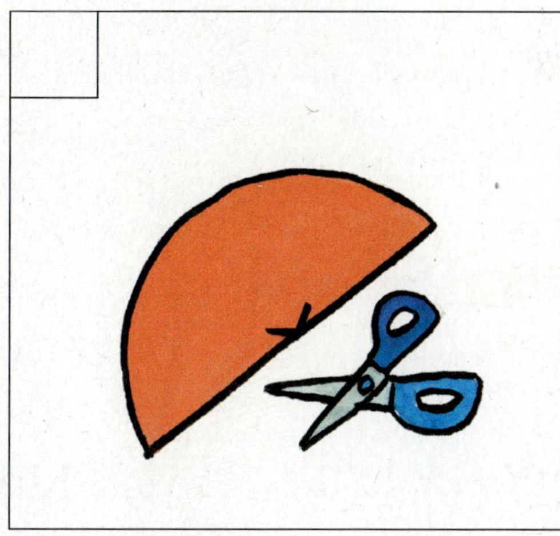

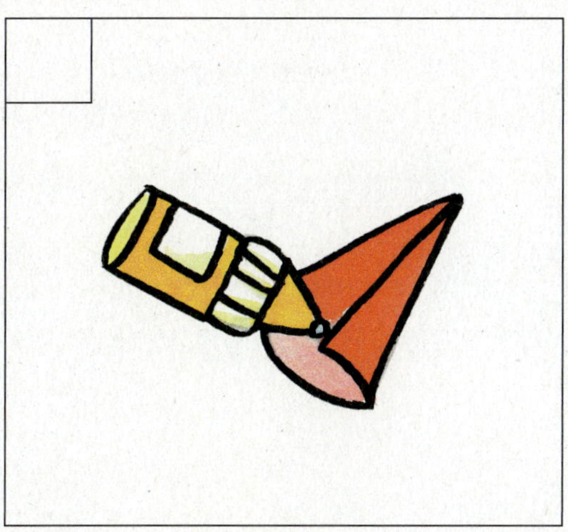

2. Bastele selbst so einen Weihnachtsmann!

Name: ______________________ Datum: __________

Spuren im Schnee

1. Wer war hier? Schreibe!

Name: ____________________ Datum: __________

Alles Frühling?

1. Was gehört **nicht** zum Frühling?
Male an und schreibe!

Name: ______________________ Datum: ____________

Aprilwetter

1. Schreibe zu den Bildern!

Name: ______________________ Datum: ____________

Im Frühlingsgarten

1. Lies und male!

1. Die Tulpen sind rot.
2. Die Osterglocken sind gelb.
3. Die Krokusse im Garten sind lila.
4. Im Nest sind zwei junge Amseln.
5. Eine Amsel fliegt zum Nest.
   In ihrem Schnabel hat sie einen Wurm.

Name: ____________________ Datum: ____________

Schnecken

1. Lies und verbinde mit dem richtigen Bild!

Die Schnecke frisst gerne Salat und Blätter.

Im Winter bleibt die Schnecke im Haus.

Igel sind Feinde der Schnecke.
Auch Füchse und Eulen fressen gerne Schnecken.

Schleim unter ihrem Fuß schützt die Schnecke vor Dornen und Stacheln. So verletzt sie sich nicht.

Name: ______________________ Datum: ____________

Im Sommer

1. Schreibe zu den Bildern!

Ich esse Kirschen.

Es ist Sommer!

____

Es ist Sommer!

____

Es ist Sommer!

Endlich!

2. Schreibe selbst so ein Gedicht!

____

Es ist Sommer!

____

Es ist Sommer!

____

Es ist Sommer!

Endlich!

Name: ____________________ Datum: __________

Mein Ferientagebuch

1. Schreibe! Male zum letzten Bild!

1. August

Susanne und ich waren bei Oma.
Oma hatte Kuchen gebacken.
Lecker!

4. August

____

____

____

7. August

____

____

____

10. August

Heute sind wir gewandert.
Wir haben ein Reh gesehen.

2. Gestalte dein eigenes Ferientagebuch!

Name: ______________________ Datum: ____________

Sommerzeit

1. Schwinge und schreibe!

Sonnenblume

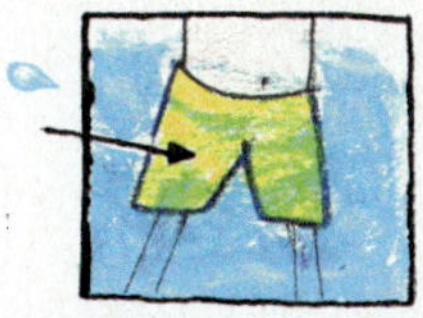

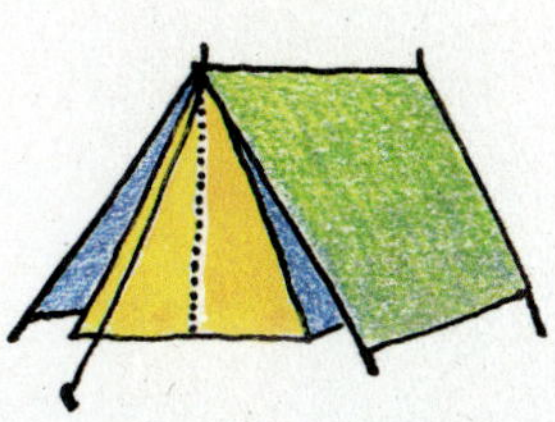

Name: ______________________ Datum: __________

Rund um das Jahr

1. Schreibe!

Das kannst du schon

Du kannst zu einem Bild
den richtigen Buchstaben finden.

Du kannst aus Silben
Wörter bilden.

Du kannst zu einem Wort
das passende Bild malen.

Du kannst malen, was du liest.

Du kannst Sätze lesen
und die passenden Bilder finden.

Du kannst verstehen, was du liest.

So geht es weiter:

____

____

Datum: __________

Lese- Fitness-Test

Name: ______________________________

Verbinde den passenden Buchstaben mit dem passenden Bild!

R T M U P

Schreibe den richtigen Buchstaben! Verbinde!

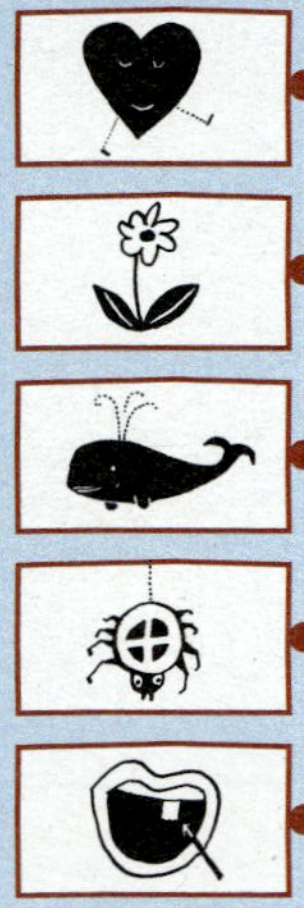

	___lume
	___inne
	___ahn
	___erz
	___al

Ich kann zu einem Bild den richtigen Buchstaben finden.

Datum: ____________

Lies und kreuze an!

Jonas darf sein Kaninchen mit in die Schule bringen.
Es ist ganz zahm. Sein Fell ist weich.
Alle Kinder dürfen es im Arm halten.
Als Leon es hat, wird sein Arm ganz warm.
Das Kaninchen hat ihm vor Angst den Pullover nass gemacht.

Das Kaninchen ist reich. ☐
Das Kaninchen ist weich. ☐
Das Kaninchen ist leicht. ☐

Leons Arm wird lahm. ☐
Leons Arm wird zahm. ☐
Leons Arm wird warm. ☐

Das Kaninchen hat Angst. ☐
Das Kaninchen hat Durst. ☐
Das Kaninchen hat Mut. ☐

Ich kann verstehen, was ich lese.

Datum: ____________

Verbinde!

Julian hat Fieber.
Er liegt im Bett.

Tina blutet am Knie.
Mama klebt ein
Pflaster auf die Wunde.

Lea hat einen Zahn
verloren. Nun hat sie
dort eine Lücke.

Tobias hat die Masern.
Auf seiner Haut sind
viele rote Punkte.

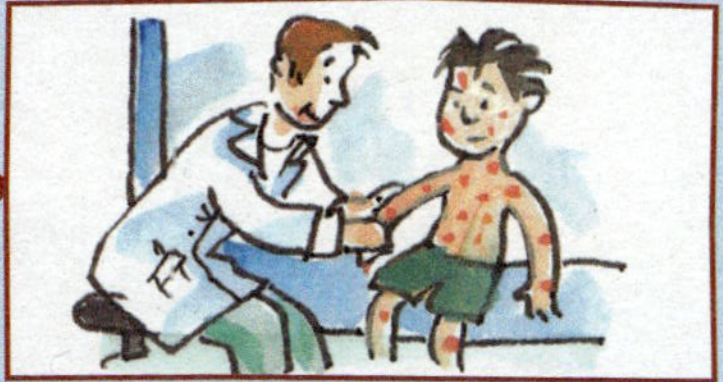

Ich kann Sätze lesen und die passenden Bilder finden.

Datum: ____________

Schwinge die Silben!

Dieb

Leiter

Goldkette

Taschenlampe

Verbinde die Silben zu sinnvollen Wörtern!

Re	ke
Wol	gen
Ne	mel
Him	bel

	fent
Ele	fant
	falt

	gum
Papa	gal
	gei

Ich kann aus Silben Wörter bilden!

Datum: ____________

Lies genau! Male das richtige Bild!

Paket	Wolke
Blume	Stern
Feder	Auge
Herz	Erdbeere
Kette	Roller

Ich kann zu einem Wort das passende Bild malen.

Datum: ____________

Lies und male!

Die Hosen sind blau.
Der Hase ist hellbraun
und hat rosa Ohren.

Male eine Reihe mit vier
roten Punkten.
Drei Punkte sind gelb.

Emma hat vier Zähne im
Mund. In der Hand hat
sie eine Zahnbürste.
Die Zahnpasta ist grün.

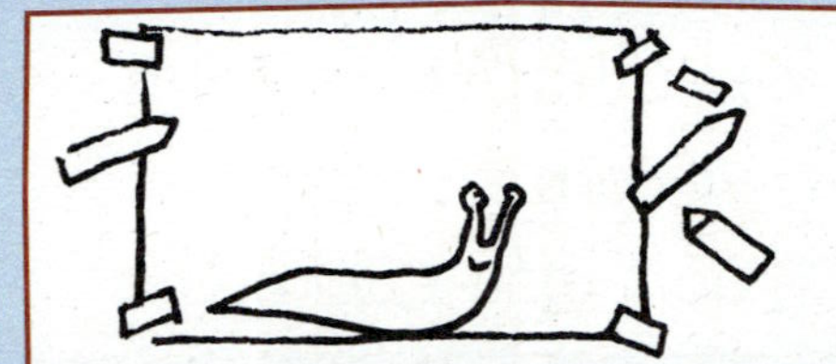

Tim malt eine Schnecke.
Sie hat ein Haus mit
Fenstern. Aus dem
Schornstein kommt Rauch.

Ich kann malen, was ich lese.

Datum: ____________